AF562949

PATRIE

OU

BADINGUET

à la VILLE et à la CAMPAGNE

Par M. E. MALDANT, constructeur

MEMBRE DU COMITÉ DE LA SOCIÉTÉ DES INGÉNIEURS CIVILS DE FRANCE

BORDEAUX

IMPRIMERIE CENTRALE A. DE LANEFRANQUE

Rue Permentade, 23-25

1870

BORDEAUX

IMPRIMERIE CENTRALE A. DE LANEFRANQUE

23-25, rue Permentade, 23-25

PATRIE

OU

BADINGUET

A LA VILLE ET A LA CAMPAGNE

Nous traversons une crise terrible et décisive d'où doivent sortir le salut et la régénération de la France.

Les grands biens sont le fruit des grands efforts.

Mais pour ne pas compromettre le résultat de ces efforts héroïques, de ces flots de sang généreux versés pour assouvir les ambitions, les haines et les intérêts des monarques, il faut impérieusement, chez tous les Français, du patriotisme et de la conciliation.

Aujourd'hui surtout, il faut que nous ne perdions pas de vue un seul instant qu'en politique, comme en science, les forces qui agissent dans le même sens *s'ajoutent,* tandis que celles qui agissent en sens contraire se *détruisent.*

Il est utile au bien général d'appeler, en ce moment, l'attention soutenue de nos compatriotes sur l'examen des grandes questions et des grands intérêts que nous aurons tous à résoudre pendant et après la guerre.

La guerre nous aura tous réunis : il ne faut pas que la paix nous divise !

C'est seulement à ce titre, et dans ce désir, que je livre à mes concitoyens, et à mes lecteurs, les réflexions qui vont suivre ; remerciant d'avance, et de tout cœur, ceux qui, les trouvant justes et utiles à l'intérêt public, voudront bien les propager ; remerciant aussi, et au même titre, ceux qui voudront bien me communiquer les observations que ces réflexions leur auront suggérées.

I

L'OPINION

Après la stupeur profonde produite par nos premiers revers, dans notre lutte contre la Prusse ; après qu'on eût vu notre armée régulière, si longtemps réputée la meilleure de l'Europe réduite, par l'écrasante supériorité numérique de l'ennemi, à une guerre *défensive* si loin de nos habitudes et pour laquelle rien n'avait été prévu ; quand on l'eut vu écrasée dans toutes les rencontres, on s'est demandé si tous ces désastres étaient bien possibles et si nous n'étions pas sous l'obsession d'un rêve ou d'un affreux cauchemar?

Alors, les sentiments et les opinions les plus extrêmes se sont librement produits ; mais chacun a fait, dans son âme et dans sa conscience, le procès du *régime impérial* qui nous avait amené de tels maux, et chacun a compris que les hommes convaincus et énergiques qui avaient eu le courage de combattre l'Empire en face, pendant qu'il était debout, avaient seuls le droit de lui succéder pour défendre le Pays.

On peut dire que l'*opinion* a été presque *unanime* à reconnaître le Gouvernement de la défense nationale, car il ne faut compter qu'en nombre *infime* ces individualités remuantes et ambitieuses qui ne veulent de pouvoir que pour *elles-mêmes*, et qui désapprouvent invariablement *tous* ceux qui le possèdent. Il en est de même de ces journalistes de la réaction qui n'ont pas honte de rester les apôtres du système déchu et d'afficher leurs jalousies mesquines. Ainsi, l'un d'eux choisissait récemment l'un de nos plus grands citoyens : un homme qui, après nous avoir fait profiter des immenses ressources de son génie et de son patriotisme, est en train, en s'épuisant par un travail excessif, de nous donner sa santé et peut-être sa vie ; pour lui demandre ironiquement : « *Qui t'a fait roi?* »

Sans songer qu'on pouvait lui répondre : « *Celui qui t'a fait esclave* ».

Cependant qui pourrait dire aujourd'hui avec certitude, quelle est la véritable opinion de la majorité de la France? Qui oserait affirmer, sans parti pris, quelle serait la réponse du Pays si on posait loyalement, à tous les Électeurs, cette simple question :

« *Voulez-vous être gouvernés par une République ou par une Monarchie?* »

Beaucoup de personnes répondraient volontiers : « les *villes* veulent la République; les *campagnes* sont anti-républicaines ». Réponse grave qui pourrait ruiner, à un moment donné, bien des espérances généreuses et légitimes!

Mais cette divergence d'opinions existe-t-elle réellement entre les villes et les campagnes? Un tel désaccord pourrait-il subsister entre tous les enfants de la même patrie, quand l'ennemi commun souille et dévaste le sol national?

Pour moi, je ne le crois pas; ou plutôt je dis que la divergence des opinions est toute superficielle, et qu'elle disparaîtra d'autant plus aisément, dans les circonstances actuelles, qu'elle ne repose que sur des *malentendus*.

Oui, n'en doutons pas, lorsque le paysan et le citadin auront combattu côte à côte sur les mêmes champs de bataille; lorsqu'ils auront partagé les mêmes dangers et fait fuir ensemble les mêmes ennemis; lorsque, sous les plis glorieux du même drapeau, ils auront rapproché leurs cœurs et leurs poitrines, la *fusion* sera faite, les préventions tomberont, et la vérité seule apparaîtra à tous les yeux.

Alors, les exaltés des villes se calmeront, et les timides de la campagne se raffermiront. Alors les *anciens partis* abdiqueront, ou reconnaîtront leur faiblesse en face de l'immense accord national; et un peuple vraiment libre, uni et éclairé pourra donner au monde ce grand spectacle de la création d'un régime national répondant aux besoins et aux aspirations de tous.

II

RÉPUBLIQUE & MONARCHIE

Qu'est-ce que la République ?

Qu'est-ce que la Monarchie ?

Les *grands mots* sont presque toujours mal interprétés par le plus grand nombre.

Le mot *République* suffit à effrayer beaucoup d'imaginations, et il n'est pas rare d'entendre exprimer cette opinion : qu'avec la République *tout est permis*.

C'est tout simplement absurde.

On rencontre quelquefois, fort heureusement en bien petit nombre, des misérables, paresseux ou déclassés de tous les régimes, qui s'imaginent avoir le droit d'abuser de toutes les commotions sociales pour émettre sur le gouvernement de leur pays, et en *se disant Républicains*, les idées les plus coupables, les plus fantaisistes ou les plus ridicules.

On rencontre aussi, et malheureusement en nombre considérable, des gens laborieux et honnêtes, mais peu éclairés, qui se laissent influencer par les théories des premiers, et qui, détestant leurs idées, en rendent responsable la *République*, sous le nom de laquelle on a osé les abriter dans un moment de fièvre politique.

Les premiers de ces hommes, je n'hésite pas à l'affirmer, sont les seuls *ennemis* réels et dangereux de la République.

Les seconds seront un jour ses plus fervents adeptes, ses plus fermes soutiens : il suffira pour cela de détruire un malentendu.

Le mot République est formé de deux mots latins (*res publica*) qui signifient : *chose publique*.

Toutes les fois que le gouvernement d'un Pays, c'est à dire les *Délégués* choisi par ce pays pour s'occuper de l'ensemble de la chose publique et des intérêts généraux réclame, dans des formes admises et convenues, le concours de tous, ce gouvernement est républicain : la nation qu'il représente est une République.

La *Monarchie*, son nom l'indique, est un système de gouvernement, qui fait reposer sur un *monarque* l'organisation d'un pays.

Dans le premier cas, le gouvernement personnifie et représente réellement la volonté et les intérêts de tous : il s'appelle gouvernement *national*.

Dans le second cas, le gouvernement représente nécessairement et fatalement, par dessus tout l'intérêt du monarque : il s'appelle gouvernement *royal*, *impérial*, etc.

Quel est l'état *naturel* d'un peuple qui n'a pas encore nommé ses gouvernants, ou qui, par l'abandon, la fuite ou la déchéance de ses représentants, reprend momentanément le libre et entier exercice de ses droits ?

Cet état naturel, primordial, c'est *l'état républicain* dans son essence élémentaire, dans son exercice absolu : c'est réellement le gouvernement en commun de la chose publique, le gouvernement *de tous par tous*.

Aussi, disons-le en passant : lorsqu'après le désastre de Sédan l'empire français est tombé sous le poids de ses fautes, de son incurie, de ses crimes de lèse-nation et de la vindicte publique, l'état républicain est redevenu l'état naturel et *légitime* de la France. La République n'avait pas besoin d'être proclamée : .....

Elle était !

III

Mais ce gouvernement primordial et élémentaire, ce gouvernement de tous par tous, est une fiction : de tous temps et par tous les peuples, il a été reconnu radicalement impraticable.

Il n'est pas besoin de démontrer, en France et dans le siècle où nous vivons, que tout le monde ne peut pas prendre sa part de la conduite des intérêts généraux ; tout le monde ne peut pas faire les lois et rendre la justice, entretenir les routes, distribuer les lettres et les télégrammes, secourir et soigner les malheureux, entretenir des rapports réguliers avec les nations étrangères, recevoir et répartir les impôts, maintenir l'ordre, instruire la jeunesse etc., etc. : Il faut pour cela, des délégués; il faut un *Gouvernement*.

Le gouvernement républicain est naturellement celui qui rapproche le plus les citoyens de leurs représentants, les mandants de leurs mandataires, les *électeurs* des *élus*.

Il permet à chacun de s'occuper paisiblement de ses affaires et de ses intérêts particuliers, sans se *désintéresser* des affaires et des intérêts généraux.

Le gouvernement monarchique est celui, au contraire, qui éloigne le plus le peuple de ses représentants ; et qui substitue presque toujours aux intérêts et à la volonté de tous, les intérêts et la volonté *d'un seul.*

Avec le gouvernement républicain, la nation *délègue* ses pouvoirs.

Avec le gouvernement monarchique, elle les *abdique.*

En République lorsqu'après un certain temps, que la loi détermine avec prudence, des représentants du pays ont accompli leur mandat, un simple vote les confirme dans leurs fonctions, ou bien les remplace, sans secousse sociale, par d'autres mandataires qui possèdent mieux qu'eux la confiance des électeurs.

Alors, la marche des affaires publiques peut se modifier, mais elle se maintient toujours, comme cela doit être, dans le sens de la *volonté nationale.*

Avec la monarchie, lorsque le gouvernement conduit le pays aux aventures ou dans une voie funeste, lorsqu'enfin il a perdu la confiance générale, il n'existe pas de moyen légal de le changer. Il ne peut tomber que par un cataclisme épouvantable, ou par une *Révolution.*

C'est en présence de ces termes simples et seuls vrais, sans confusion ni ambiguité possibles, que doivent se placer tous les électeurs d'un pays libre qui ont à discuter et à règler leurs institutions ou à déterminer l'espèce et la forme de leur gouvernement.

IV

INTÉRÊTS & DEVOIRS

Puisqu'il est nécessaire que dans tout Pays, quelques uns gouvernent pour tous, et au nom de tous ; examinons sommairement quels sont les *devoirs* et les *intérêts* de chacun.

Lorsque, dans la vie ordinaire, nous avons à accomplir certains actes pour lesquels nous n'avons pas les mêmes facilités que d'autres personnes, ou pour lesquels nous ne possédons pas toutes les connaissances nécessaires, comme par exemple de toucher au loin une somme d'argent ou le montant d'un billet, de vendre ou d'acheter une propriété, etc.; que faisons-nous?

Nous choisissons une personne qui a notre confiance et nous la chargeons d'agir *pour nous;* nous lui donnons notre *procuration*: cette personne devient, pour l'objet déterminé de sa mission, notre Fondé de pouvoirs, notre mandataire, un *second nous-même.*

Or, il est évident que rien n'est plus grave, dans la vie matérielle, que cette abstraction momentanée de sa propre individualité; cette délégation de ses pouvoirs. Celui qui les accorde a besoin d'avoir une *confiance* absolue dans son mandataire. Celui qui les reçoit, pour en être digne, doit avoir toujours présents à la pensée, la volonté et les intérêts de son mandant, et jamais il ne doit avoir l'esprit tranquille, ni le *cœur léger*, s'il n'est intimement convaincu d'accomplir son mandat dans les limites exactes de la volonté de celui dont il tient la place.

Ce qui est vrai, ce qui est indiscutable pour les intérêts de la vie privée, est également vrai, également indiscutable pour les intérêts, bien autrement importants, de la vie publique.

Le mandataire qui, dans la vie privée, trompe la confiance de son mandant, trompe une personne. Le Représentant d'un pays comme la France, qui n'exécute pas strictement son mandat trompe 38 millions de personnes.

Voilà toute la différence.

Mais il y a, dans le don et dans l'exercice du mandat, une autre considération capitale à examiner.

Les lois de tous les peuples de la terre sont d'accord avec la plus vulgaire équité, pour reconnaître que tout mandataire qui n'exécute pas fidèlement son mandat est *révocable*, de même que pour admettre que tout mandat est essentiellement *individuel* tant que le mandant n'a pas ordonné ou agréé une substitution de mandataire.

Cette loi élémentaire et de simple bon sens est applicable au gouvernement d'une République. Elle est violée avec le système monarchique héréditaire.

Sans entrer dans des considérations que ne comporte pas le cadre de ces réflexions générales, ne sent-on pas qu'il est souverainement injuste et absurde d'admettre qu'un monarque éminent, dont les grandes qualités auront pu justifier la confiance de son peuple, *doive* ou *puisse* transmettre à un fils, ou à un neveu, qui pourra avoir toutes les imperfections physiques et morales, le pouvoir absolu qui lui aura été accordé à lui seul ?

Certaines personnes, peu soucieuses de la dignité humaine, vous répondront à cette question : « Il est fâcheux en effet de » voir le sort d'une nation passer temporairement dans des mains » indignes, mais l'*hérédité* est une transmission légitime, » un *principe* sacré, une tradition salutaire, etc. »

Répondez-leur hardiment : « Vous dénaturez les mots, en leur » donnant un sens absolu qu'ils ne comportent pas : oui vous » pouvez laisser à vos héritiers ce qui vous appartient *en propre* ; » mais rien de ce qui vous a été *confié* par *les autres*. »

Ceux qui pourraient consentir et signer de tels droits héréditaires à leurs monarques, auraient non-seulement signé une absurdité, mais ils seraient tombés eux-mêmes dans l'injustice et *l'abus* en dépassant tous les pouvoirs de la liberté humaine ; car il n'appartient à personne d'enchaîner la liberté des autres, et encore bien moins de paralyser la volonté de ceux qui ne sont pas même nés, et qui doivent nous remplacer dans ce monde.

V

SUFFRAGE UNIVERSEL

La nature humaine n'est pas parfaite, hélas !

Nous ne sommes pas de purs esprits.

Il n'e t pas facile de gouverner un grand peuple, et surtout un peuple impressionnable comme nous le sommes.

Ce qui plaît à l'un, déplaît à l'autre, et laisse un troisième indifférent.

Que faire ?

Il faut nécessairement gouverner le pays selon la volonté du plus grand nombre ; il faut que la minorité cède légalement et loyalement devant la majorité ; il faut que le *suffrage universel* des citoyens soit la loi de tous, et que chacun s'incline quand il a prononcé. Mais il faut aussi que le suffrage soit libre, et il faut tâcher qu'il soit éclairé.

Je ne suis pas partisan de la peine de mort, et je suis naturellement disposé à une grande indulgence relative pour les fautes et les crimes individuels, car il me semble que les crimes doivent être mesurés surtout *aux maux qu'ils causent :* mais je ne connais que la peine capitale qui soit applicable à ceux qui faussent la volonté nationale et qui trahissent leur pays.

La généralité des citoyens n'est pas de cet avis, et elle a souvent l'indulgence et l'absolution les plus faciles pour tout ce qui touche à ses droits politiques, sans songer que c'est ainsi qu'on prépare les coups d'état, l'abaissement des nations, la guerre, et généralement tous les fléaux de l'humanité.

Lorsqu'un homme jugé grand citoyen, aura reçu loyalement et pour un temps déterminé, la direction des affaires publiques ; si cet homme, atteint d'une ambition malsaine, combine et exécute dans l'ombre une usurpation de pouvoir, il préparera et trouvera aisément l'absolution des peuples.

C'est profondément triste !

Comment pouvons nous jouer aussi légèrement avec ce qu'il y a de plus important dans ce monde : la nature et la forme de notre gouvernement ?

Il serait cependant si facile d'éviter de pareils maux en déclarant formellement que toute usurpation des pouvoirs publics entraine (ipso jure) la *peine capitale !*

Préférez-vous empêcher plus simplement encore l'apparition de ces théories subversives, que l'ambition fait préconiser aux avides du pouvoir ? Déclarez par une loi inéluctable que toutes les fois que la nation changera de gouvernement, elle *devra changer de gouvernants* ; alors,.. oh ! alors, soyez-en sûr vous verrez professer par ceux qui seront au pouvoir le respect des institutions de leur pays.

Alors aussi, sans doute, vous aurez dégoûté pour toujours les caméléons politiques.

Alors vous soutiendrez même par la force et l'intelligence de vos institutions, les vertus chancelantes, et vous ne permettrez pas, pour l'honneur de la nation, que celui qui a pu être hier votre *chef*, puisse devenir demain :. . . . . *Badinguet !* .

VI

RÉUNIONS PUBLIQUES

Ce qu'il faut redouter le plus quand tous les citoyens honorables, quand tous les Electeurs d'un pays libre ont à discuter leurs intérêts généraux, c'est le malentendu.

Les *Réunions publiques*, bien comprises et bien pratiquées devraient être le meilleur moyen de s'entendre.

Pourquoi la plupart des réunions publiques sont-elles en France, stériles ou désordonnées, quand elles sont si efficaces aux Etats-Unis et ailleurs ? C'est surtout parce que nous n'en avons pas encore l'*habitude*.

C'est encore parce que beaucoup de ceux qui prennent la parole dans les Réunions publiques se font, sur leur but et leur importance, les plus étranges illusions. Chaque Réunion, ne fut-elle composée que de cent électeurs, se sent des véléités de devenir un petit *gouvernement ;* elle est exigeante, intolérante et disposée, en étouffant la controverse et la libre discussion, à se changer en *coterie*.

Mais ne nous effrayons pas outre mesure de ces écarts inhérents à l'apprentissage des Réunions publiques, et rappelons-nous bien que rien de sérieux ne s'*improvise* en ce monde. Si dans certaines Réunions, l'exaltation, la calomnie et les mauvaises passions soulèvent quelquefois de facheux applaudissements, n'oublions pas que tous ces appels désordonnés ne peuvent avoir de racines sérieuses nulle part, et moins que partout ailleurs, dans une République.

Aussi, pour ceux qui ont suivi et étudié, sans parti pris, les Réunions publiques, n'a-t-il pas été rare de voir que les orateurs les plus exaltés et les plus subversifs sont souvent devenus par la libre discussion, les plus modérés. Le bruit des funestes doctrines qu'ils avaient émises effrayait encore les timides, que déjà ils les avaient eux-mêmes reniées.

J'assistais dernièrement à une Réunion publique où un orateur très-patriote et très-applaudi, venait de demander la *levée en masse*, en y comprenant les femmes, qui devaient faire la cuisine et soigner les blessés ; les infirmes et les enfants en bas-âge devant seuls rester en arrière,

Je demandai à l'orateur : qui soignerait les enfants et les infirmes ? Qui ferait parvenir à l'armée ses vivres, son équipement, ses munitions ? Je rappelai et j'expliquai que, dans l'état actuel de la guerre, les multitudes mal armées ou désorganisées, étaient une *gêne* et jamais une force pour une armée.

Je déclarai qu'en face de la patrie en danger, tout Français devait être soldat, mais à la condition que la levée en masse fut faite comme le Gouvernement la pratiquait : c'est-à-dire avec discernement et énergie, en exerçant sans relâche, en équipant et armant aussi rapidement que possible tous les hommes valides, de manière à les opposer à l'ennemi dans le plus bref délai et après avoir, dansla plus grande mesure possible, augmenté leurs chances de *vaincre* et diminué celles des *mourir*.

C'est de cette façon dis-je, en finissant, que la France vaincra le plus vite et le plus facilement ses ennemis.

Et ma théorie fut applaudie, comme celle de mon prédécesseur.

Puisque je parle des *Réunions publiques*, je voudrais bien leur dire mon sentiment, et leur offrir humblement un avis :

Les Réunions publiques, pour discuter utilement et avoir une valeur réelle, doivent se *réglementer* Elles doivent conserver, par des procès-verbaux signés du Président et du Secrétaire, la trace exacte de leurs discussions.

De cette façon, les Réunions offrent des garanties aux tiers et elles engagent les orateurs à la modération ; elles les engagent surtout à ne pas abuser, comme on le fait trop souvent et d'une manière regrettable, de la personnalité des absents.

Guizot l'a dit avant nous : « *Du choc des opinions jaillit la lumière* ». Laissons donc les *opinions* se produire librement, et laissons à leurs contradicteurs une égale liberté.

Alors, bien loin d'être dangereuses, les Réunions publiques deviendront les *soupapes de sureté* de l'opinion ; elles habitueront les citoyens à la connaissance et à la pratique si nécessaires de leurs intérêts généraux et de la vie publique.

Inaugurez les Réunions publiques dans les *campagnes*, et favorisez-les partout : Alors, quels que soient les ambitieux qui vous gouvernent, vous n'aurez plus rien à craindre pour vos institutions.

VII

SYSTÈMES MIXTES

Le système républicain est incontestablement fondé sur la justice et le bon sens ; les règles qui s'appliquent à toutes les autres institutions de la vie s'appliquent également bien à lui ; il n'a besoin d'aucune *loi d'exception.*

C'est donc, par ce fait seul, le gouvernement légal, moral et digne par excellence.

Le gouvernement monarchique n'ayant, *en principe,* aucun de ces avantages, on a été entraîné peu à peu, dans presque toutes les Monarchies, à établir des *systèmes mixtes* plus ou moins bâtards, qui permissent au monarque de conserver les privilèges et la forme monarchiques, en appliquant quelques-uns des principes républicains. C'est ainsi, par exemple, qu'on est parvenu en Angleterre, à gouverner sous le nom de *monarchie constitutionnelle,* un peuple qui est en apparence et pour le moment, presque aussi libre que ceux qui sont en République.

Pouvons-nous en conclure que la monarchie mitigée ou que le système *mixte* est meilleur ou aussi bon que le système républicain ?

Demandons-nous d'abord à quoi tient la forme plus ou moins libérale, plus ou moins *constitutionnelle* d'une Monarchie ?

Elle tient presque uniquement, et quoi qu'on fasse, au tempérament et à la volonté du monarque.

Ayez un monarque courageux, ardent, ambitieux : avec son pouvoir *immuable* et héréditaire, rien ne lui sera plus facile que de trouver assez de courtisans pour lui assurer le facile exercice et le libre abus de pouvoir.

Ayez un monarque assez nul ou assez *doux*, pour pratiquer la fameuse maxime : « *Le roi règne mais ne gouverne pas* » ; alors vous aurez presque la perfection, le *nec plus ultra* du gouvernement monarchique : un souverain laissant gouverner les élus du pays.

Il y aurait cependant encore un perfectionnement réel à apporter à ce gouvernement monarchique, pour le rendre presque aussi avantageux qu'une République : ce serait de rendre *immuable* ce souverain-type et son abnégation bienfaisante en fabriquant un monarque en *carton*, en *bois doré*, ou en *marbre* (comme on l'aimerait le mieux) et comme le faisaient avec beaucoup de raison, pour leurs *fétiches*, les peuples primitifs de la terre.

N'allez pas croire que je plaisante, ou que j'exagère ; non, malheureusement, rien n'est plus sérieux ni plus réel : si vous voulez pratiquer la monarchie immuable ou héréditaire, en vous affranchissant des dangers inhérents aux monarques ainsi que des dépenses énormes et du gaspillage des deniers publics qu'ils entraînent, vous n'avez pas de parti meilleur à prendre que celui que je viens d'indiquer.

Mais les peuples ne peuvent pas vivre uniquement pour eux-mêmes ; ils peuvent avoir à redouter, ou à subir, l'influence et l'ambition de leurs voisins, etc.; et il est utile qu'ils soient organisés pour se gouverner, comme pour se *défendre*.

Or, l'expérience de tous les temps est là pour le démontrer ; au sommet de tout gouvernement, monarchique ou républicain, il faut une tête, il faut *un homme*.

La République a sur toutes les monarchies, absolues ou mitigées, cet immense avantage, non seulement *d'élever* tous les citoyens. mais encore d'avoir toujours à la tête de son gouvernement celui qu'elle juge le plus capable et *le plus digne*.

Ma conclusion est celle ci ;

Méfions nous des systèmes mixtes.

VIII

RÉPUBLIQUE

Pourquoi se fait-il que la grande révolution de 1789, qui a répandu dans le monde des idées si généreuses et des principes si féconds, ait été impuissante à empêcher les crimes et les excès qui ont été commis sous son nom.

La terreur de ces crimes a été si grande, et elle a été si habilement exploitée, qu'elle a servi d'auxiliaire principal aux monarchies et au despotisme, et que la marche progressive de l'humanité en a été retardée pendant trois-quarts de siècle.

Et pourtant, n'est-ce pas par une *erreur* évidente, trop facilement accréditée, qu'on a fait remonter à la *République*, la responsabilité de ces excès?

Il suffit, en effet, de revoir l'histoire de cette Révolution pour reconnaître que les crimes de la *Terreur* ont été commis pendant une époque *d'anarchie* complète, et non sous un gouvernement républicain fonctionnant librement, et régulièrement issu du suffrage universel.

Donc soyons justes pour la République, et déchargeons la loyalement d'une responsabilité dont on l'a trop longtemps écrasée à tort : cette responsabilité ne lui incombe pas.

Tous les hommes ne sont pas également éclairés, et beaucoup se disent et se croient bons *républicains*, qui ont les idées et les tendances les plus anti-républicaines.

Il faut leur dire et leur apprendre, à ceux là, que, de tous les régimes, c'est incontestablement la *République* qui exige les citoyens les *meilleurs*, les plus conciliants, les plus justes, les plus fraternels.

Quand nous entendons quelques hommes, mal inspirés, demander, par exemple, que tous ceux qui, directement ou indirectement ont servi l'empire, soient inexorablement exclus de toutes fonctions républicaines ; montrons-leur que, s'ils veulent réellement fonder la République, ils sont *inconséquents* avec eux-mêmes.

Le moyen de fonder la République, sur le base solide du suffrage universel, peut-il être de lui aliéner l'immense majorité des citoyens qui ont voté dans les derniers plébiscites ?

Ce serait tout simplement insensé ; et, de plus, ce serait méconnaître l'intelligence de nos concitoyens, leur libre arbitre et l'influence des événements.

Non, la République n'est pas et ne peut pas être *exclusive* : son cœur est essentiellement indulgent et ses bras sont grands ouverts à tous les Français qui voudront loyalement la servir.

Les reproches, comme les éloges, ont été prodigués avec exagération à notre première République : A cette époque, il y avait si longtemps que la nation était courbée et asservie sous le despotisme monarchique, que, passant brusquement et sans transition, de l'esclavage à la liberté illimitée, elle n'a pas eu le temps de faire *l'apprentissage* de ses droits, et d'apprendre qu'a côté de chacun d'eux il y a toujours un *devoir*.

Il y a eu un débordement de passions, où la raison a quelquefois fait naufrage; et la République a finalement payé les fautes des républicains.

Aujourd'hui, nous serions impardonnables de ne pas savoir profiter des leçons et des expériences du passé. Si nous ne voulons pas être des républicains *de passage*, si nous voulons fonder *impérissablement* en France le meilleur des gouvernements, sachons aimer la République *pour elle-même*, fuyons courageusement la facile et vaine popularité, ne flattons pas les passions de nos concitoyens, mais parlons patriotiquement à leur raison et à leur cœur.

Alors, s'habituant à scruter jusqu'au *fond*, la valeur exacte de ces trois mots sublimes « *Liberté, Egalité, Fraternité* », qui forment la devise de la République de 1789, ils comprendront que ces mots sont égaux *pour tous*, et que personnes n'a le droit de leur donner une interprétation étroite ou égoïste.

Alors chacun comprendra, comme nous le comprenons nous-mêmes, que c'est par une confiance absolue dans le patriotisme des citoyens que la devise républicaine ne leur indique que leurs *droits* ; mais qu'à coté de ces trois mots magnifiques, il y en a un quatrième qui est sous-entendu et qui les compléte tous : . . . .
Devoir !

IX

RÉPUBLICAINE OU COSAQUE

Napoléon Ier dont je ne veux pas parler ici, mais dont le vaste génie n'a pas su vaincre une ambition déréglée, Napoléon qui, despote, a fait tant de mal, quand, républicain, il eut fait tant de bien ; Napoléon a eu une pensée prophétique, conçue et murie dans le malheur et l'exil : Napoléon Ier à dit et répété jusqu'à sa mort, en 1821 : « Dans 50 ans l'Europe sera *républicaine* ou *cosaque* ».

En approchant du terme fatal, il est impossible de ne pas se sentir frappé doublement de l'état dans lequel se trouve aujourd'hui la France, et dans lequel, *demain* sans doute, se trouvera l'Europe.

N'est-ce pas, en effet, entre ces deux termes : républicaine ou cosaque, *liberté* ou *asservissement*, peuples ou monarques, que va se jouer la grande partie qui décidera du sort de l'Europe ?

Pour nous Français, l'action est engagée, et la fin du despotisme nous aura coûté assez cher pour nous donner à tout jamais, l'amour de la justice et de la liberté.

La guerre que nous subissons ne peut plus durer longtemps. Dans de pareilles luttes les forces les plus grandes s'épuisent vite ; mais, quelque soit l'issue de cette guerre, si nous sommes intelligents, si nous sommes sages, si, même vaincus, nous voulons rester plus grands que nos vainqueurs, jurons !... oh ! oui, mes chers concitoyens, du fond de notre cœur, jurons tous de rester républicains !

Alors si nous sommes victorieux, comme nous le serons sans doute, nous conserverons tout le fruit de nos succès, et le sang le plus pur de la patrie n'aura pas été versé en vain.

Si nous étions vaincus, nous aurions la plus large compensation possible à nos défaites, car nous serions libres, et nous resterions encore, comme en 1789, les *pionniers* de la liberté humaine.

L'Europe monarchique assiste impassible à notre lutte de géants, parce que les peuples asservis y sont les *instruments* des monarques. Ne nous en plaignons pas, car, si lourde qu'elle soit, nous suffirons à notre tâche ; mais l'abstention de l'Europe nous donnera le droit de nous reposer bientôt de nos fatigues, et d'assister alors en simples spectateurs à la lutte terrible des monarchies les unes contre les autres.

O France chérie ! Patrie du goût, de l'urbanité, du courage, de la civilisation :..... Inspire à tous tes *enfants* l'amour du *juste* et du *vrai*. Rapproche leurs cœurs dans un même sentiment filial ; et, leur montrant tes blessures saignantes, demande-leur pour les cicatriser le sacrifice de leurs haines et de leurs rancunes. Demande-leur, inspire-leur cette *union* nécessaire qui, seule, fait les peuples heureux, grands et invincibles.

Alors, o ma patrie ! tu auras fermé pour toujours l'ère néfaste des discordes civiles, et tu auras assuré, entre tous tes enfants, le triomphe de la vérité, de la justice et du droit quand tu les placeras entre ces deux termes :..... *Républicains ou Cosaques.*

X

CONCLUSION

Pouvons-nous craindre que la guerre actuelle se termine par un démembrement de la France, et par une immense catastrophe nationale?

Oui, si nous sommes désunis et si nous gaspillons nos forces.

Non, si nous savons utiliser toutes les facultés du pays et les faire concourir à la défense de la Patrie. Non! si l'énergie, la résolution, la foi, partent sincèrement *d'en haut*, car c'est à cette seule condition qu'elles se répandront et se maintiendront partout.

Souvenons-nous bien que les *recensements* officiels donnent, pour les citoyens de 20 à 40 ans, un chiffre de près de *cinq* millions d'hommes.

Disons-nous que si, pour les prisonniers, les infirmes, les employés indispensables aux administrations publiques, aux établissements requis pour la défense nationale, aux chemins de fer, etc, on compte *cinquante* pour cent de non-valeurs (ce qui est déjà beaucoup si le favoritisme ne fonctionne pas dans les exemptions), disons-nous bien, qu'avec les appels actuels, énergiquement et loyalement exécutés, nous devrions avoir, sans tenir compte de l'armée de Paris, près de *deux millions* d'hommes sous les armes.

En présence de ce chiffre imposant la France doit se rassurer; car il est au moins deux fois plus considérable qu'il ne faut pour venir à bout de nos envahisseurs.

Mais l'opinion publique doit demander à notre Gouvernement d'envoyer toutes ces forces *autour* de l'ennemi et *sur ses lignes* de communications et de ravitaillement. Elle doit lui demander de *concentrer*, là où la patrie est *en danger*, tous ces soldats éparpillés qui ne demandent qu'à aller aider et sauver leurs frères; et non, à promener dans toutes les parties de la France inoccupées par l'ennemi, leurs baïonnettes inutiles.

Donc, énergie et confiance réciproques!

Pour le gouvernement, pour les généraux, énergie et confiance dans la nation!

Pour l'armée, pour la nation, confiance dans les généraux!

Confiance dans le Gouvernement!

Confiance et patriotisme! et bientôt la France sera sauvée par ses propres forces.

Mais aussi et par dessus tout : conciliation, concorde et union entre *tous les Français*... groupons-nous tous, sans distinction d'opinions politiques, autour du drapeau de la Patrie, car, même dans le petit nombre d'hommes qui peuvent encore croire à l'avènement des anciens partis monarchiques, il n'en est pas un seul, intelligent et honnête, qui ne place l'intérêt de la France *entière* au-dessus de celui d'un parti quelconque.

Et d'ailleurs, croyons le bien, autour du drapeau de la République honnête, se sont déjà groupés et se groupent chaque jour, les hommes intelligents qui ont le sentiment de leur propre dignité. Tous ces hommes éminents qui ont tour à tour servi les diverses Monarchies, se sentent honteux et humiliés devant leur propre conscience, en voyant qu'ils s'étaient fait les serviteurs d'*un homme* qui pouvait les entraîner dans sa déconsidération et dans sa chûte, et ils comprennent bien qu'il serait plus digne d'eux d'être les représentants d'une *nation* libre, qui ne peut ni s'avilir ni tomber.

Donc et encore une fois, chers concitoyens, je vous en supplie au nom de la patrie *en danger*, unissons-nous tous dans un même sentiment de fraternité, de concorde et de justice.

Soyons unis!... Mais ne soyons pas dupes!

Soyons conciliants entre nous, autant que nous serons énergiques et terribles contre nos ennemis.

Honorons tous les mérites et tous les courages; mais ne soyons les dupes d'aucun sentiment ridicule.

Que diriez-vous de l'homme qui plaindrait le *voleur* qui l'aurait ruiné, l'*incendiaire* qui aurait fait brûler sa maison, l'*assassin* qui aurait fait périr ses enfants? Il y a pourtant encore, en France, un certain nombre de ces *dupes* là, dans quelques parties retirées de nos campagnes.

Faisons pénétrer jusques là, la lumière et la *vérité*; montrons bien aux campagnes que le *pouvoir* et la *responsabilité* sont *inséparables*, et quand chacun aura compris que c'est sur un seul homme que doit justement retomber l'effroyable responsabilité des désastres de la patrie, et que c'est lui qui a ouvert toutes ses plaies béantes ; alors nous verrons disparaître les fausses sensibilités, les fausses indulgences et toutes les duperies ; alors, le même sentiment d'horreur et de ridicule poursuivra partout l'auteur inepte et cruel de tous nos maux ; et Badinguet sera, et restera toujours *Badinguet*.... *à la ville* comme à la *campagne*.

Bordeaux, 2 Décembre 1870.

Bordeaux. — Imprimerie centrale A. DE LANEFRANQUE.

www.ingramcontent.com/pod-product-compliance
Lightning Source LLC
LaVergne TN
LVHW010311230826
846091LV00007B/3101

* 9 7 8 2 0 1 1 7 5 1 5 8 4 *